Zen line

ANIMAUX TOTEMS

Zen line

ANIMAUX TOTEMS

DESSAIN & TOLRA

Au plus fort de l'orage, il y a toujours un oiseau pour nous rassurer.
C'est l'oiseau inconnu, il chante avant de s'envoler.

René Char

Les animaux possèdent la beauté sans vanité,
la force sans indolence,
le courage sans férocité et toutes les vertus
de l'homme sans vices.

Arthur Schopenhauer

Tant qu'on n'a pas aimé un animal,
une partie de notre âme reste endormie.

Anatole France

La nuit du sommeil est traversée par les insectes luisants des pensées et des rêves.

Johan Paul Friedrich Ritcher

Nos compagnons les plus parfaits
n'ont jamais moins de quatre pattes.

Colette

Le cheval est le seul piédestal où l'on apprend la modestie.

Philippe Karl

*Nous devrions rendre grâce aux animaux pour leur innocence fabuleuse,
et leur savoir gré de poser sur nous la douceur de leurs yeux inquiets
sans jamais nous condamner...*

Christian Bobin

Si l'amour ne causait que des peines,
les oiseaux amoureux ne chanteraient pas tant.

Philippe Quinault

L'amitié du chien est sans conteste plus vive
et plus constante que celle de l'homme.

Montaigne

Un Lion ou un léopard ne seraient jamais jaloux d'un lièvre,
ce qui est différent des hommes.

Proverbe africain

Un pingouin c'est un ange qu'on a oublié un peu trop longtemps au frigo.

Michel Laubu

Sois comme la fleur, épanouis-toi librement
et laisse les abeilles dévaliser ton coeur !

Râmakrishna

*Il y a quelque chose à propos de la présence d'un chat…
ça semble apaiser la solitude.*

Louis J. Camuti

En Afrique, toute vie animale semble s'éveiller dès le coucher du soleil.

Karen Blixen

Il ne faut jamais juger un oiseau par le bruit qu'il fait avant de se poser.
Quelle que soit sa taille, l'aigle, lorsqu'il veut prendre sa proie,
plane et cesse de battre de l'aile.

Massa Makan Diabaté

Le temps qui vole souvent comme un oiseau se traîne d'autres fois comme une tortue ; mais il ne semble jamais plus agréable que lorsque l'on ne sait s'il va vite ou lentement.

Ivan Tourgueniev

Un bon renard ne mange jamais les poules de son voisin.

Proverbe français

La pensée est chrysalide, la parole est papillon.

Louis-Philippe Robidoux

Quelques fois je pense que je suis peut-être un oiseau,
ou un renard, ou un lapin ou un écureuil,
ou même un hanneton sans m'en douter.

Frances Hodgson Burnett

Un énorme éléphant n'a pas toujours d'énormes défenses.

Ahmadou Kourouma

Un jour, dit la légende, il y eut un immense incendie de forêt.
Tous les animaux terrifiés, atterrés, observaient impuissants le désastre.
Seul le petit colibri s'activait, allant chercher quelques gouttes
avec son bec pour les jeter sur le feu.

Après un moment, le tatou, agacé par cette agitation dérisoire, lui dit :
« Colibri ! Tu n'es pas fou ? Ce n'est pas avec ces gouttes d'eau
que tu vas éteindre le feu ! » Et le colibri lui répondit :
« Je le sais, mais je fais ma part. »

Légende amérindienne

Pourquoi donc rêve-t-il toujours d'or,
si ce n'est parce qu'il a été mordu par le scarabée d'or ?

Edgar Allan Poe

Il y a des nuits où les loups sont silencieux
et seule la lune hurle.

George Carlin

Il ne faut pas vendre la peau de l'ours avant de l'avoir tué.

Proverbe français

Dieu s'est servi de la panthère comme buvard pour essuyer l'encre de sa plume.

Sylvain Tesson

Le meilleur moyen d'observer un poisson est de devenir un poisson.

Jacques-Yves Cousteau

Un vent frais fait voler les feuillets,
on dirait qu'il murmure l'adieu du soir à la forêt.

Nikolaus Lenau

La liberté est un oiseau sauvage
que l'on ne peut apprivoiser sans amour.

Youri Domenge

Le bleu éclatant du matin sur la mer.
Et du ciel sans nuages, ces rivages dorés,
Toute cette beauté brillament éclairés.

Constantin Cavafy

Si le bélier a tendance à reculer,
il ne faut pas croire que c'est parce qu'il est lâche.

Proverbe angolais

Gazelles, antilopes, girafes, gnous, zèbres, rhinocéros,
buffles, éléphants – les animaux s'arrêtaient
ou se déplacaient au pas du loisir.

Joseph Kessel

Tous admirent le paon.
Alors les oiseaux disent :
« Mais regardez ses pattes, et écoutez sa voix ! ».

Proverbe japonais

Si nous prenons la nature pour guide,
nous ne nous égarerons jamais.

Cicéron

Le cerf porte ses bois comme le blason de son domaine.

Sylvain Tesson

Les vagues ne naissent pas quand elles déferlent sur la plage.

Geneviève Dermann

Si le papillon s'est brûlé à la lumière,
la lumière a connu les ailes du papillon et les a aimées.

Oria

Berger sans taureau finira sans troupeau.

Proverbe sénégalais

La Nature, trésor inépuisable des couleurs et des sons,
des formes et des rythmes, est la suprême ressource.

Olivier Messiaen

Même si le léopard dort, le bout de sa queue ne dort pas.

Proverbe congolais

Le boeuf ne se vante pas de sa force devant l'éléphant.

Proverbe africain

Quand on comprend la valeur de toute vie,
on s'attarde moins sur le passé et on se concentre
plus sur la sauvegarde de l'avenir.

Dian Fossey

Nos animaux familiers sont des anges déguisés venus sur terre pour nous apprendre la douceur.

Simonetta Greggio

La nature est éternellement jeune, belle et généreuse.

George Sand

Tout cochon a dans son coeur un homme qui sommeille.

Pierre-Henri Cami

Le corbeau a beau se laver souvent, il n'en devient pas plus blanc.

Proverbe danois

Le serpent n'a pas de pattes,
mais il est aussi rapide que n'importe quel autre animal
qui a quatre pattes.

Djibril Tamsir Niane

Se trouver au milieu de grosses vagues a un côté onirique.
Terreur et extase rôdent toutes deux ensemble,
menaçant de submerger le rêveur.

William Finnegan

Ne déprécie pas la tortue à cause de son humilité,
il se peut qu'elle te guide demain.

Proverbe Ovambo

C'est parce que les animaux ne causent pas
qu'il faut plaider leur cause.

Szczepan Yamerski

Le chien est le seul être qui t'aime plus qu'il ne s'aime lui-même.

Fritz von Unruh

Magie des côtes.
La terre semble encore plus belle quand elle s'incline
devant la suprématie de l'eau.

Philippe Bouvard

S'il devait y avoir un son universel représentant la paix,
je voterai certainement pour le ronronnement.

Barbara L. Diamond

Quand vient le rouge-gorge, il apporte la neige.

Proverbe italien

Les animaux sont notre rayon de soleil quotidien.

Amy Softpaws

Direction de la publication
Isabelle Jeuge-Maynart et Ghislaine Stora

Direction éditoriale
Émilie Franc et Julie Martin

Édition
Agathe Bourachot et Sylvie Cattaneo Naves, avec l'assistance d'Amandine Poste

Direction artistique
Géraldine Lamy

Création et mise en pages
Julie Znamiec

Couverture
Claire Simonet

Fabrication
Laetitia Messadene

ISBN : 978-2-29-501552-5

Les Éditions Larousse utilisent des papiers composés de fibres naturelles, renouvelables, recyclables et fabriquées à partir de bois issus de forêts qui adoptent un système d'aménagement durable. En outre, les Éditions Larousse attendent de leurs fournisseurs de papier qu'ils s'inscrivent dans une démarche de certification environnementale reconnue.

PAPIER À BASE DE FIBRES CERTIFIÉES

Dessain et Tolra s'engage pour l'environnement en réduisant l'empreinte carbone de ses livres. Celle de cet exemplaire est de :
900 g éq. CO_2
Rendez-vous sur www.dessain-tolra-durable.fr

Imprimé en Espagne par UNIGRAF SL
Dépôt légal : février 2024
335449/01 – 11054406 – novembre 2023

Votre Alm… r

…024

Vous tenez en main l'édition 2024 de l'Almanach Côtier. Toute l'équipe qui a contribué à sa réalisation vous remercie de votre confiance.

On ne le dit peut être pas assez fort, mais grâce aux ventes des Almanachs, l'Œuvre du Marin Breton poursuit, 125 années après sa création par Jacques de Thézac, son action sociale envers les familles de Marin en difficultés.

Au cours des 10 dernières années, plus de 1 100 familles dépendant du Service Social Maritime ont bénéficié d'aides pour un montant dépassant les 650 000 euros. En embarquant l'Almanach à votre bord, vous contribuez à remplir cette mission, discrète mais très concrète, et nous nous sommes heureux de la conjuguer avec votre plaisir de naviguer.

Votre Almanach Côtier propose une synthèse des règles de sécurité et de prévention des situations à risques en mer, les textes réglementaires, les contacts utiles et la législation en vigueur pour vos navigations à moins de 6 milles d'un abri. Vous y trouverez aussi un rappel des informations qu'il est toujours utile d'avoir à portée de main, pour se rafraîchir la mémoire avant de prendre la mer .

Bien sûr, les règles et règlements pour naviguer évoluent peu. Sans doute moins rapidement que les pratiques - professionnelles ou de loisirs - qui se multiplient sur le domaine maritime.

Raison de plus pour augmenter notre vigilance et notre bienveillance. Ceci vis à vis des proches que nous embarquons, des usagers que nous croisons en mer et aussi du milieu naturel sur lequel nous pratiquons nos activités favorites.

C'est encore un espace de liberté. Veillons, par nos attitudes responsables à ce qu'il le reste.

L'équipe du Marin Breton.

ALMANACH COTIER 2024 *Parution annuelle éditée par l'Œuvre du Marin Breton - Association du type Loi 1901 - 24, quai de la Douane 29200 BREST - Tél. 02 98 44 06 00. Courriel : amb@marinbreton.com Directeur de la publication : Dominique Raoul - Rédaction : Frédéric Audrézet, Yvon Gogé, Jean-Yves Réguer, Jean-François Colombier, Jean-Pierre Clech - Cartographie : SHOM - Prépresse et infographie : Yann Champeau - Impression : Cloître - Dépôt légal : novembre 2023 - ISSN : 0999-2545.*

Crédits Photos : Cross, Fotolia, Daniel Kérébel, Frédéric Audrézet, Œuvre du Marin Breton, Guy Lecointre - Julie Duchêne. Jakez Le Gall, SNSM, Yann Champeau, Institut Maritime de Prévention. DR. Illustrations : Jacques Pennors.

Voiles et Voiliers, *édité par SERNAS. Siège social : 10, rue du Breil 35 000 Rennes. Président, directeur de la publication : PMGS, représenté par Stéphane Baranger. Rédacteur en chef : Adrien Cadot.*

Sommaire

Sud Loire 2024

Le plus grand soin a été porté à la rédaction et à la relecture de cet ouvrage. Si, toutefois, des erreurs ou approximations y demeuraient, nous vous prions de bien vouloir nous en excuser. Merci de nous les signaler sur : amb@marinbreton.com

Secours en mer

Les Cross et les sémaphores veillent

Les Cross

Les Cross (Centres Régionaux Opérationnels de Surveillance et de Sauvetage) assurent toute l'année et 24/24, une permanence opérationnelle. Ils répondent à toutes demandes de secours (sauvegarde de la vie humaine en mer) et d'assistance en mer. Ils mettent en oeuvre les moyens nautiques et aériens nécessaires (Marine nationale, Gendarmerie, Douanes, Sécurité civile, SNSM) pour faire face à l'alerte et coordonnent l'ensemble des opérations de secours. Les Cross exercent également la surveillance de la navigation dans les dispositifs de séparation de trafic (Ouessant, Casquets...) et sont chargés de prévenir tout risque de pollution maritime. Ils sont aidés en cela par un dense réseau de sémaphores situés sur tout le littoral. Ces stations n'acceptent que le trafic de détresse, d'urgence et de sécurité. N'hésitez pas à leur signaler vos difficultés, vos retards, vos inquiétudes. Notez soigneusement les coordonnées des stations.Prendre connaissance des prévisions météo à l'appareillage doit être un réflexe. Les Cross veillent le canal 16 (VHF) et le canal 70 (ASN). Ils diffusent des informations nautiques, des bulletins météorologiques et des avis urgents aux navigateurs (Avurnav).

Le Cross Corsen (Tél. 02 98 89 31 31)

(Du Mont-Saint-Michel à la pointe de Penmarc'h)

Le Cross Étel (Tél. 02 97 55 35 35)

(De la pointe de Penmarc'h à la frontière espagnole)

le Cross Etel assure la diffusion en continu des bulletins météo sur ses stations radio VHF de Chassiron (Charente-Maritime) et d'Etel (Morbihan), sur le canal 63. Dans ces deux départements, l'information météorologique vous est ainsi disponible à tout moment, moyennant une attente éventuelle de quelques minutes.

Les sémaphores

Les sémaphores veillent le canal 16 (VHF) et trafiquent en général sur le canal 10 (VHF). Ils diffusent les Avurnavs locaux dès reception, puis 2 fois par jour (à h et à h +8) et, sur demande, les BMS - ou parfois même à heures régulières - des bulletins météo (heures ci-dessous). De plus, ils peuvent montrer les signaux d'entrée et de sortie de port, d'avis de tempête, etc

★ **Beg-Melen**	02 97 86 80 13
★ **Talut**	02 97 31 85 07
★ **Saint-Julien**	02 97 50 09 35
★ **Piriac-sur-Mer**	02 40 23 59 87
★ **Chemoulin**	02 40 91 99 00
★ **Saint-Sauveur**	02 51 58 31 01
★ **Les Baleines**	05 46 29 42 06
★ **Chassiron**	05 46 47 85 43
★ **Pointe de Grave**	05 56 09 60 03

★ *armé H 24*

Le canal 16 (156,8 MHz – VHF) est le canal d'appel et de sécurité (messages de détresse).

Le canal VHF 70 (appel sélectif numérique) est un canal de sécurité et de détresse sur lequel tout message en phonie est interdit sous peine de bloquer le trafic.

Pour votre propre sécurité et celle des autres, ne perturbez pas le bon écoulement du trafic : Ne l'utilisez jamais pour un usage autre !

En mer, la VHF reste le moyen privilégié pour communiquer avec les sauveteurs. Mais, si vous apercevez des personnes en difficulté, un simple appel à partir d'un téléphone portable permet de contacter les secours.

Téléphone : en cas de malaise, le 196 !

Le 196, numéro d'urgence , directement relié aux Cross, permet de donner l'alerte.

Chef de bord :
responsable envers son équipage

Photo Jakez

La Division 240 est le texte officiel qui fixe les règles relatives à la sauvegarde de la vie humaine en mer, à l'habitabilité à bord des navires, à la prévention de la pollution et, plus globalement à la sécurité de la navigation de plaisance.

Dans sa nouvelle version, le texte de cette Division 240 insiste sur l'importance et la responsabilité du chef de bord...

Côté définition, c'est «un membre d'équipage responsable de la conduite du navire, de la tenue du journal de bord (lorsqu'il est exigé), du respect des règlements et de la sécurité des personnes embarquées».

Le chef de bord s'assure que tous les équipements et matériels de sécurité répondent aux dispositions de conformité du navire et à la réglementation en vigueur. Ces équipements embarqués doivent être adaptés à l'équipage et en bon état. Le chef de bord les met en œuvre lorsque les conditions l'exigent.

Le «chef de bord» d'une embarcation (petite ou grande) est responsable de la sécurité du bateau et des personnes embarquées. Cette responsabilité morale évidente peut aller jusqu'à la survie des personnes; aussi, pour l'assumer au mieux, il est utile de faire l'inventaire des points essentiels à vérifier et parfois d'anticiper sur les comportements en cas d'incident car «pour ne pas regretter, mieux vaut prévoir...»

C'est à vous de prendre la mesure des risques encourus par les personnes embarquées et d'évaluer, en dehors des équipements réglementaires requis quels moyens sont adaptés pour garantir la sécurité des vos passagers.

Sensibiliser son équipage à l'importance de l'aspect sécurité

- le port du gilet ne doit pas être perçu comme une contrainte : même une personne sachant nager **ne dispose que de 15 mn avant d'être en hypothermie**. Le gilet est un bon moyen visuel d'être repéré en cas de chute par dessus bord...

- un rappel du fonctionnement de la VHF et de l'organisation des secours est utile et instructif ! Cela prend quelques minutes qui peuvent s'avérer essentielles ensuite.

- la visualisation et la localisation préalables des fusées et de l'extincteur peut éviter la panique et faire gagner un temps précieux (surtout si c'est le chef de bord qui est défaillant ou blessé !).

Ecrire et faire lire les consignes

Portez les informations que vous jugerez utiles à la connaissance de votre équipage (check list, page de recommandations...).

C'est un bon moyen de sensibilisation et de prise en compte de l'importance de la sécurité à bord . Il appartient au chef de bord d'imposer ses décisions et d'évaluer, en fonction du temps, du degré de pratique et de connaissance de son équipe, si l'on doit impérativement ou non capeler le gilet ou le VFI (Vêtement Individuel de Flottabilité).